Tout sur un garçon qui avait peur du tonnerre

(Et comment il l'a surmonté)

"French translation of the English Version"

Ann Marie Hannon

Un livret pour " Enfants ayant peur "

droits d'auteur© 2023 by **Ann Marie Hannon**

Tous les droits sont réservés. Aucune partie de ce livre ne peut être reproduite ou transmise, téléchargée, distribuée, rétro-ingénierie, ou stocké ou introduit dans tout système de stockage et de récupération d'informations, sous quelque forme ou par quelque moyen que ce soit, y compris la photocopie et l'enregistrement, qu'ils soient électroniques ou mécaniques, actuellement connus ou inventés ci-après sans l'autorisation écrite de l'éditeur.

AVIS DE NON-RESPONSABILITÉ : Le contenu de ce travail, y compris, mais sans s'y limiter, l'exactitude des événements, des personnes et des lieux représentés ; opinions exprimées; autorisation d'utiliser des documents précédemment publiés inclus ; et tous les conseils donnés ou actions préconisées sont de la seule responsabilité de l'auteur, qui assume toute responsabilité pour ledit travail et indemnise l'éditeur contre toute réclamation découlant de la publication du travail.

Imprimer les informations disponibles sur la dernière page.

Pour commander des exemplaires supplémentaires de ce livre, veuillez contacter :

MAPLE LEAF PUBLISHING INC.
www.mapleleafpublishinginc.com

Renseignements généraux et service à la clientèle
Phone: 1-(403)-356-0255

Email: info@mapleleafpublishinginc.com

ISBN Hardback: 978-1-77419-185-9
ISBN eBook: 978-1-77419-186-6

SOMMAIRE

Chez Grand-mère Annie 5

Chez Jimmy.. 19

Le jour du terrain d'athlétisme

de l'école il y a de nombreuses années 29

Dans le bus de l'école 39

Une nouvelle peur du tonnerre 53

Tous les bobos du tonnerre résolus 65

Chapitre 1
Chez Grand-mère Annie

Aujourd'hui, le ciel est plein d'énormes nuages noirs et gonflés qui traversent l'horizon. Ces nuages me semblent méchants et en colère. Ils ne permettent qu'à des éclats de lumière d'une fraction de seconde de briller à travers des morceaux de ciel ouvert.

Ce ciel menaçant me rappelle l'époque où, enfant, j'avais peur du tonnerre. Je voyais des nuages comme ceux-là se rapprocher de plus en plus et cela m'inquiétait et me faisait peur. Je savais qu'une journée d'été chaude et agréable pouvait se transformer en une pluie battante accompagnée de vis et d'un horrible tonnerre.

Je savais aussi que cela me ferait mettre les mains sur les oreilles et courir me cacher. Même si j'étais en sécurité dans ma maison, je me bouchais les oreilles et je courais me cacher sous mes couvertures de lit.

Mais j'ai eu de la chance. J'aurais continué à m'inquiéter et à avoir peur du tonnerre sans l'aide d'une charmante dame qui m'a aidé et qui aide toujours les jeunes à résoudre des problèmes normaux, quotidiens, mais critiques pour un enfant.

Vous êtes curieux d'en savoir plus ? Alors, allons-y.

Quelque part sur une petite colline surplombant une petite ville, il se trouvait une maison où vivait cette charmante dame. Elle s'appelait Grand-mère Annie. Je viens de monter la petite colline en voiture parce que je rends visite à mamie Annie, juste pour lui dire bonjour et lui demander si elle a besoin de quelque chose. Je ne vais pas rester longtemps, car elle m'a déjà dit qu'elle devait rendre visite à l'un de ses petits-enfants ce soir pour l'aider à résoudre un problème de tonnerre.

Vous savez ce qu'est une peur, j'en suis sûr.

C'est normal que tous les enfants et même les adultes aient des soucis de temps en temps et Grand-mère Annie est heureuse d'aider quiconque a un souci, y compris ses petits-enfants.

En ce moment, comme je le disais, je passe juste pour dire bonjour et voir si elle a besoin de quelque chose. La plupart du temps, quand cela arrive, elle me demande en retour : "Tu as besoin de quelque chose, chérie ?"

Cela me fait rire quand cela arrive. Grâce à Grand-mère Annie, je suis toujours respectueux et poli en disant : "J'ai déjà tout ce dont j'ai besoin, Grand-mère, parce que tu étais là pour moi il y a longtemps."

J'aime toujours rendre visite à Grand-mère Annie et je passe lui dire bonjour aussi souvent que possible. Allons frapper à sa porte, pour voir comment elle va. Elle a une nouvelle caméra de sécurité qui lui permet de voir qui est là. J'aime frapper trois fois, puis sonner à la porte pour qu'elle sache que c'est moi, même si elle peut bien sûr me voir dans la caméra. C'est notre coup secret.

"Bonjour, Grand-mère. Comment vas-tu aujourd'hui ?"

"Bonjour et bienvenue", dit une voix derrière la porte.

Je sais que c'est une petite dame aux cheveux argentés abondants, portant une jolie robe et marchant avec une petite canne qui répond au coup de sonnette et à mon coup secret.

"Oh Grand-mère, ce n'est que moi, et j'attends dehors et il fait vraiment froid, et nuageux, brrr."

"Bonjour, Brendan", dit-elle dans le microphone de sécurité. " Entre, je t'en prie. Je viens de déverrouiller la porte. Entre, entre, c'est toujours un plaisir de te voir."

"Bonjour d'autres sont fors-mère, je suis tout aussi heureux de te voir et je ne vais pas rester longtemps. Je sais que tu vas rendre visite à ton petit-fils numéro 5", dis-je en riant aux éclats.

"Oh Brendan, tu aimes toujours plaisanter", mais Grand-mère rit elle-même en appelant tous ses petits-enfants par des numéros.

Tout en continuant à parler, nous marchons prudemment dans le couloir vers le salon.

"Oui, Jimmy a eu une expérience inquiétante récemment et maintenant, à cause de cela, il a un problème que je vais l'aider à résoudre.

"Hah, si quelqu'un peut l'aider, c'est bien vous."

"Sa mère et son père peuvent toujours l'aider, mais il y a beaucoup de choses qui se passent avec la planification du nouveau frère ou de la nouvelle soeur ; donc on m'a demandé d'aider."

"Je suis sûr que tu peux aider ; tu m'as toujours aidé quand j'étais plus jeune. Tu m'aides encore, parce que je suis heureux de pouvoir venir ici et de parler avec toi."

"Merci, Brendan, c'est très flatteur venant de toi"
Tous les enfants ont des soucis de temps en temps."

Nous arrivons au salon et Mamie Annie s'assoit. Elle sourit : "Alors, peux-tu me dire ce qui se passe et pourquoi j'ai le plaisir de ta visite aujourd'hui?"

"Eh bien, je voulais juste dire bonjour et demander si tu avais besoin de quelque chose", dis-je, poliment, en souriant à moi-même, "Et je sais que tu vas dire que tu vas bien."

"Il y a une autre raison pour laquelle je suis ici aussi. Je veux te présenter à des amis qui ont entendu parler de toi et qui veulent te rencontrer."

"Oh là là, c'est intéressant. Mais je ne les vois pas."

"Eh bien, ils lisent tout sur vous dans mon dernier livre. Tu te souviens que j'étais toujours inquiet de ne pas savoir écrire et que mes professeurs pensaient que je ferais mieux de travailler comme ingénieur ou médecin?"

"Oui, je me souviens." Grand-mère a ajouté : "Ça m'a rendu triste, mais tu n'as pas abandonné."

"Je veux que mes lecteurs te rencontrent dans l'histoire et qu'ils apprennent de toi comment surmonter les inquiétudes."

"Eh bien, c'est un grand défi, chérie. Tu crois que je peux le faire?"

"Je sais que tu le peux ! Pour t'aider, je t'ai apporté un petit magnétophone pour que tu puisses enregistrer toutes les histoires que tu veux partager sur les soucis et la façon de les surmonter. Commence dès que tu as le temps.

"Hmm, j'aime cette idée. Je me sens un peu seul ici de temps en temps et la présence de nombreux enfants me manque. Mais, si je peux raconter mes histoires de cette façon, cela me fera utiliser mon imagination d'une manière qui me rendra heureuse en aidant quelqu'un avec les histoires que je raconte."

"Oui, Grand-mère. Tout est prêt." Je glousse, ravie." Voici le bouton pour commencer et une fois que tu auras commencé, mets-toi à l'aise et parle de la même façon que tu aimes parler à tes petits-enfants, y compris moi. Voyons comment ça se passe maintenant, avant que tu ne partes rendre visite à Jimmy."

"D'accord", sourit Grand-mère en tenant légèrement l'enregistreur dans sa main.

"Super", dis-je avec un soupir de soulagement. "Utilise ton imagination pour dire bonjour à tous les lecteurs qui veulent entendre tes histoires."

Je m'assois et prends un moment pour m'imprégner du fait d'être ici aussi.

J'ai toujours aimé la maison de Grand-mère Annie. Elle est petite, mais remplie de beaucoup de lumière naturelle. Dans le salon, les soirs d'hiver et même au début du printemps et à la fin de l'automne, il y a toujours une bûche qui brûle doucement dans la cheminée du salon. Sur le piano du salon, il y a de nombreuses photos de famille. Et toute la pièce est peinte dans ce que Grand-mère appelle un bleu coquille d'œuf de mer. Cela adoucit la lumière d'une manière remarquable, mais le rocking-chair de Grand-mère et la petite table à côté sont les éléments les plus importants et c'est là qu'elle s'assied pour raconter toutes les histoires qui aident à résoudre de nombreuses peurs et inquiétudes normales.

Grand-mère pose l'enregistreur sur la petite table à côté de son fauteuil à bascule. En commençant à se balancer, lentement, elle commence : "Bonjour et bienvenue. Je crois que je vous ai déjà rencontré. Je suis Grand-mère Annie. Êtes-vous venus pour entendre une autre histoire sur les enfants qui ont des soucis ? J'espère que oui. Je suis toujours heureuse de partager mes histoires parce que tous les enfants ont des soucis de temps en temps. Mes histoires aident à résoudre ces problèmes d'une manière nouvelle et utile. L'histoire d'aujourd'hui porte sur la peur du tonnerre et sur la façon de la surmonter. Je vais raconter cette histoire à mon petit-fils. Sa photo est juste là, sur le piano, et il tient son ours en peluche, nommé Théodore. Je viens de découvrir qu'il a peur du tonnerre. Il m'a parlé au téléphone d'un terrible orage qui s'est produit récemment et qui lui a fait très peur. Je vais donc lui rendre visite et je pense que je peux l'aider. Je vais lui raconter une histoire que son grand-père m'a racontée quand il était petit et qu'il avait peur du tonnerre. Je suis en route pour aller le voir. Tu viens aussi."

"C'est génial, Grand-mère, clique sur le bouton encore une fois et il se fermera. Merci beaucoup. Je peux imaginer ce qui se passe chez Jimmy en attendant que tu arrives."

"Hah, ha. Je suis d'accord. Jimmy aime son ours en peluche et ils sont toujours ensemble. Je suis sûr qu'il est en train de parler avec son ours en peluche et que celui-ci lui répond. Tu vois, je sais que Jimmy a besoin d'un ami et que, jusqu'à l'arrivée du nouveau frère ou de la nouvelle sœur, il est le seul enfant de la maison. Donc, je pense que Jimmy utilise son imagination pour parler avec son "nounours" et c'est bien parce que l'imagination est un exercice pour le cerveau tout comme faire du vélo est un exercice pour les bras et les jambes."

"Tu as une façon bien à toi d'expliquer les choses, Grand-mère." Je la complimente à nouveau. "Je vais m'en aller, vous pouvez y aller. J'ai passé une merveilleuse visite ; j'ai hâte de lire ton histoire."

"Oh, je vais te la faire parvenir, chérie. J'ai apprécié le fait de m'asseoir et d'utiliser mon imagination pour faire l'enregistrement jusqu'à présent. J'avais l'impression que des tas d'enfants merveilleux m'écoutaient. Je vais m'assurer de le terminer, mais pour l'instant, je ferais mieux d'y aller aussi. Je t'aime."

J'ai aidé Grand-mère à monter dans sa voiture et j'ai remarqué que le ciel menaçant de tout à l'heure s'était éloigné. Le soleil couchant brillait et j'étais rassurée de savoir qu'au moins pour aujourd'hui, Jimmy n'aurait pas à subir un autre orage effrayant.

Le fait de voir un ciel lumineux en fin de journée m'a également rassuré sur le fait que "Grand-mère Annie vient à la rescousse" et qu'elle aidera Jimmy. Je l'ai revue bien plus tard et les résultats que j'ai appris de sa visite étaient étonnants.

Chapitre 2
Chez Jimmy

"C'est à propos du tonnerre. N'est-ce pas? C'est reparti !", dit Théodore en sautant de haut en bas sur le lit de Jimmy.

Tu viens de rencontrer Théodore, le "nounours" de Jimmy. Oui, je suis encore là pour t'expliquer que Grand-mère est en route pour rendre visite à Jimmy et que je suis parti chez moi, mais comme je connais bien le petit-fils numéro 5, je suis sûr que ce que je te raconte ici est très proche de ce qui s'est passé.

"Je suis content que tu aies surmonté ta "peur du noir", Jimmy-boy." Théodore aime toujours plaisanter avec Jimmy, "Je n'ai jamais eu la moindre idée de ton prochain souci."

Jimmy sourit à Théodore, "Eh bien, ça arrive aux meilleurs d'entre nous, Théodore!"

"Je sais aussi pourquoi tu as ce nouveau souci", dit Théodore avec désinvolture.

"Tu te souviens, il y a quelques semaines, tu as eu très peur pendant l'orage à cause du tonnerre et des éclairs. Tu t'es accroché à moi si fort que j'ai cru que mon ours en peluche allait éclater. Ensuite, tu as essayé de te cacher sous le lit, puis sous les couvertures du lit, et enfin tu nous as cachés tous les deux dans ton armoire. Tous les deux!"

"Je sais, je sais", dit Jimmy en riant. C'était tellement drôle, mais je m'inquiète toujours un peu de la prochaine fois qu'il y aura un autre orage et s'il y a du tonnerre comme celui-là."

"Eh bien, Jimmy", s'esclaffe Théodore, "je suis content que Grand-mère Annie vienne ici avant que cela ne se reproduise. Elle t'a aidé quand tu avais "peur du noir". Je suis sûr qu'elle saura exactement comment t'aider maintenant."

"Maman a dit que Grand-mère Annie avait une histoire à me raconter qui m'aiderait. J'espère qu'elle t'aidera aussi, puisque tu étais aussi inquiète et effrayée que moi."

"Mais elle ne sait pas que tu me parles et que je te parle. N'est-ce pas?

"Je le sais. Mais, si elle le savait, ce n'est pas grave, parce qu'elle dirait que c'est une bonne chose et que je fais preuve d'imagination."

"Eh bien, je me fiche de comment tu appelles ça, je suis là pour toi, mon pote. Quand tu as peur, j'ai peur. Quand tu as des soucis, j'ai des soucis. Tu peux compter sur moi !" s'exclame Théodore. "Hé, tapes-la!"

Ils ont tous deux ri et n'ont pas entendu frapper à la porte, ni vu Grand-mère Annie entrer. Elle avait laissé sa canne dans la voiture et leur avait dit qu'elle était "en train de chercher des meubles". Elle a promis de faire attention.

"Bonjour, ça m'a tellement manqué de te rendre visite ! Comment vas-tu ? Je me souviens qu'au téléphone tu m'avais dit que tu avais peur du tonnerre et que tu t'inquiétais qu'un orage se reproduise!"

"Oh ! Bonjour, Grand-mère ! Oui, je suis vraiment inquiet à ce sujet. Tu veux bien m'aider," en serrant son ours en peluche très fort, "et Théodore?"

"Bien sûr, n'est-ce pas à cela que servent les grands-mères ? Ainsi, maman et papa peuvent s'occuper d'autres choses importantes et les grands-mères peuvent aider leurs petits-enfants avec des histoires qui résolvent leurs problèmes", dit Grand-mère Annie en souriant.

"J'espère que tu ne seras pas trop surpris si je te dis que le tonnerre est une bonne chose. Oui, c'est très bien et il y a une raison importante à cela. Il se trouve que le tonnerre t'aide à savoir quand il est temps de rester à l'intérieur et à l'abri, pour que les éclairs dangereux ne te fassent pas de mal"

Jimmy a l'air surpris : "Comment le tonnerre peut-il être une bonne chose alors qu'il me fait si peur et me rend si inquiet ? Tu es sûr?"

Grand-mère est heureuse de répondre : "C'est parce que le tonnerre est comme beaucoup d'autres bruits qui sont aussi bons et forts que le tonnerre, mais qui peuvent quand même t'inquiéter si tu ne les résous pas. C'est important d'y penser. Seriez-vous surpris de savoir que le tonnerre est une bonne chose comme le fort sifflement qui arrive pour démarrer une course?"

Jimmy semblait encore un peu confus, puis il a regardé rapidement Théodore. Je suis presque sûr que l'imagination de Jimmy a fonctionné et que Théodore a répondu. Si c'était le cas, il aurait probablement dit quelque chose comme : "Elle n'a pas tort. Ces sifflets de course sont bruyants!"

Théodore a toujours su manier les mots, alors je suis sûr que Jimmy a souri et a attendu que Grand-mère Annie poursuive.

"Et si quelqu'un frappait bruyamment à votre porte d'entrée pour vous faire savoir qu'il y a peut-être un danger dans les environs et que vous devez rester à l'intérieur?

"Tu vois", chuchotait Théodore à l'insu de Grand-mère, "Je me souviens qu'il y avait un raton laveur errant dans le quartier et que le vétérinaire avait frappé à la porte de tout le monde pour leur dire qu'il n'était pas prudent de sortir tant qu'ils n'avaient pas attrapé le raton laveur parce qu'il pouvait avoir la rage, cette horrible maladie qui peut blesser les humains."

"C'est logique, Grand-mère", dit Jimmy. "Quoi d'autre?"

Grand-mère Annie répond : "Il y a beaucoup d'autres sont fors qui peuvent nous effrayer au début, mais qui sont bons car ils nous protègent. Même si le tonnerre est très fort, c'est aussi une bonne chose parce que si nous n'avions pas de tonnerre, il serait difficile de savoir comment éviter les éclairs dangereux."

Grand-mère Annie s'assied et dit : "Mais je suis d'accord que le tonnerre est aussi un défi à cause de son bruit ! Il est fort et même effrayant ; tu peux choisir de relever le défi en étant concentré et en comptant comme je vais te l'apprendre. Savais-tu que le tonnerre peut t'aider à savoir à quelle distance se trouve l'éclair?"

"Vraiment, Grand-mère ?" demande Jimmy, "Comment est-ce possible?"

"Eh bien, je vais te dire comment, si tu sautes sous les couvertures du lit et que tu te prépares à t'endormir."

"Ok, Grand-mère!" Jimmy sauta rapidement sur son lit en tenant Théodore pendant qu'il sautait. "C'est pas mal pour un saut?"

Grand-mère Annie glousse : "Très bien, mais pas trop de sauts ! On ne veut pas abîmer le matelas."

Plus tard, je découvris que Grand-mère s'était alors déplacée et s'était assise sur le fauteuil à bascule qui lui était réservé dans la chambre de Jimmy et qu'elle avait placé le magnétophone que je lui avais donné sur la table à côté. Elle avait trouvé que faire les enregistrements était si intéressant qu'elle avait apporté le magnétophone avec elle ce soir-là. Jimmy et Théodore ont gloussé lorsqu'ils l'ont remarqué, alors Grand-mère leur a expliqué ce qu'elle faisait et leur a enseigné quelque chose de nouveau et d'excitant dont Jimmy se souviendra toujours.

Elle a dit : "Avant de t'expliquer le moyen de savoir à quelle distance se trouve l'éclair, je dois te raconter l'histoire d'enfants qui avaient tous, sans exception, peur du tonnerre et ce qui leur est arrivé pendant un orage de tonnerre et d'éclairs en conséquence ! C'est une histoire que ton grand-père m'a racontée et qui raconte comment il a appris à ne plus avoir peur du tonnerre quand il avait à peu près ton âge."

Jimmy a remué un peu, puis il a dit : "Je veux entendre l'histoire, mais j'ai quelque chose à demander..."

D'accord", répond Grand-mère Annie, "Une question avant de commencer". Je t'en prie, vas-y."

"Quand tu raconteras l'histoire, est-ce que je peux demander à grand-père de me ressembler ? Ou que quelqu'un d'autre dans l'histoire ressemble à un ami que j'ai et que d'autres ressemblent à d'autres personnes que je connais?"

"Pourquoi, bien sûr. Absolument. Cela signifie que tu utilises ton imagination d'une manière merveilleuse. L'imagination, c'est quand tu laisses les idées et les images des personnes et des lieux de l'histoire se former dans ton esprit. De même, écouter la radio ou une histoire audio est une autre façon d'utiliser son imagination. Je suis content que tu aies posé la question. Maintenant, voyons. Où en étais-je?"

"Je crois que vous deviez commencer par "Il était une fois", mais il n'y a pas si longtemps."

"C'est ça. Bon. Alors maintenant, mets les couvertures sous ton menton, respire profondément et laisse-moi te raconter l'histoire d'il était une fois, mais il n'y a pas si longtemps."

Grand-mère n'a pas entendu, mais Théodore a regardé Jimmy et a dit : "J'espère que c'est bien."

Jimmy n'a pas fait attention à la remarque idiote de Théodore et a répondu : "Ce sera.... J'en suis sûr."

"Tu as dit quelque chose, chéri?" Grand-mère regarde Jimmy avec insistance.

"Non, Grand-mère, ce n'est rien."

Si je connais bien Grand-mère Annie, c'est à ce moment-là qu'elle s'est simplement dit : "Je crois que Jimmy parle à Théodore". De toute façon, s'il parle à son ours en peluche, je suis contente car cela montre qu'il utilise aussi son imagination."

Grand-mère Annie croit en l'imagination, à condition qu'elle soit utilisée correctement. Je sais donc que la prochaine chose qu'elle a dite était : "Bon, continuons notre histoire." Je suis sûr qu'à ce moment-là, elle a aussi appuyé sur le bouton de l'enregistreur.

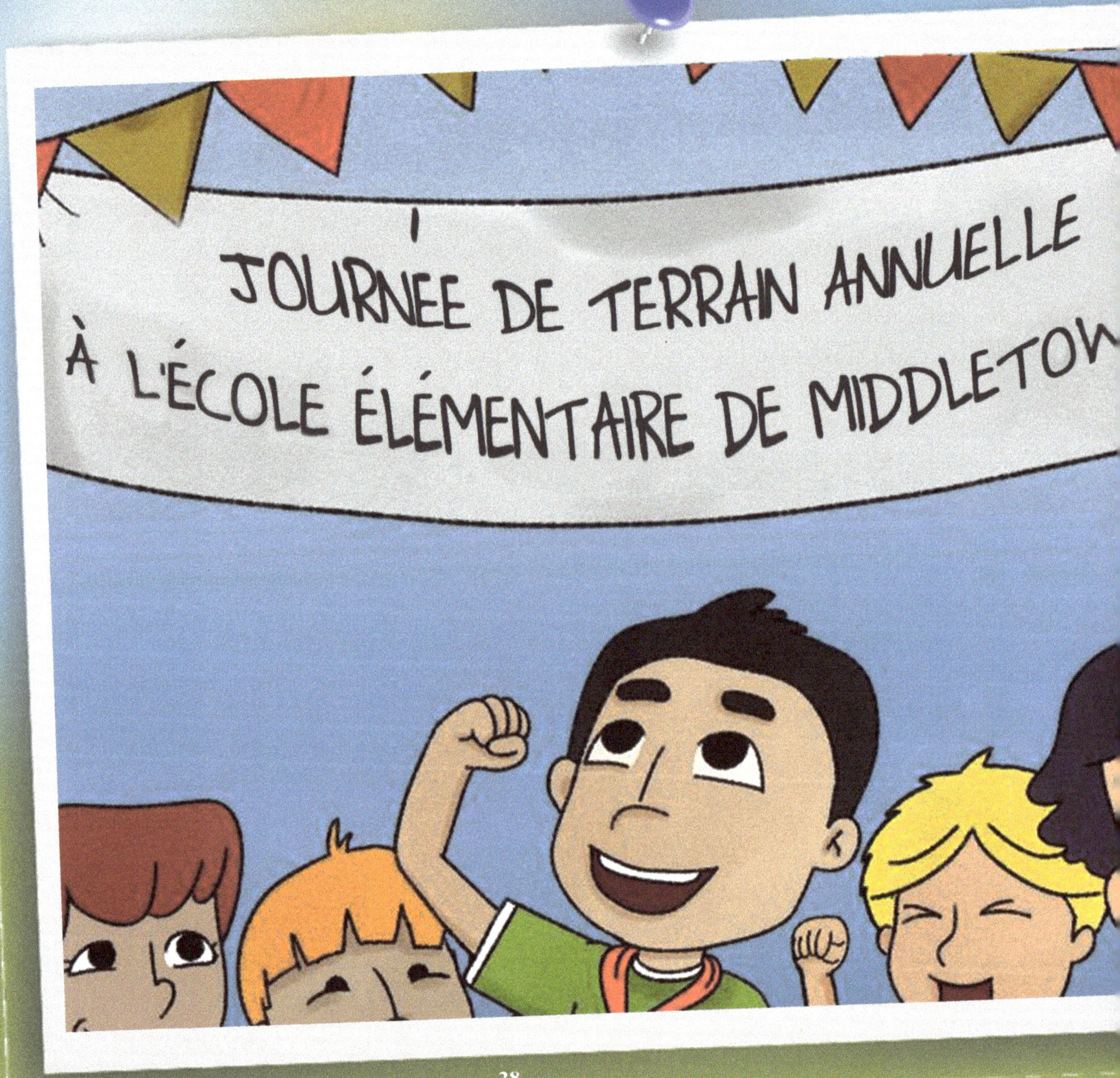
JOURNÉE DE TERRAIN ANNUELLE
À L'ÉCOLE ÉLÉMENTAIRE DE MIDDLETOW

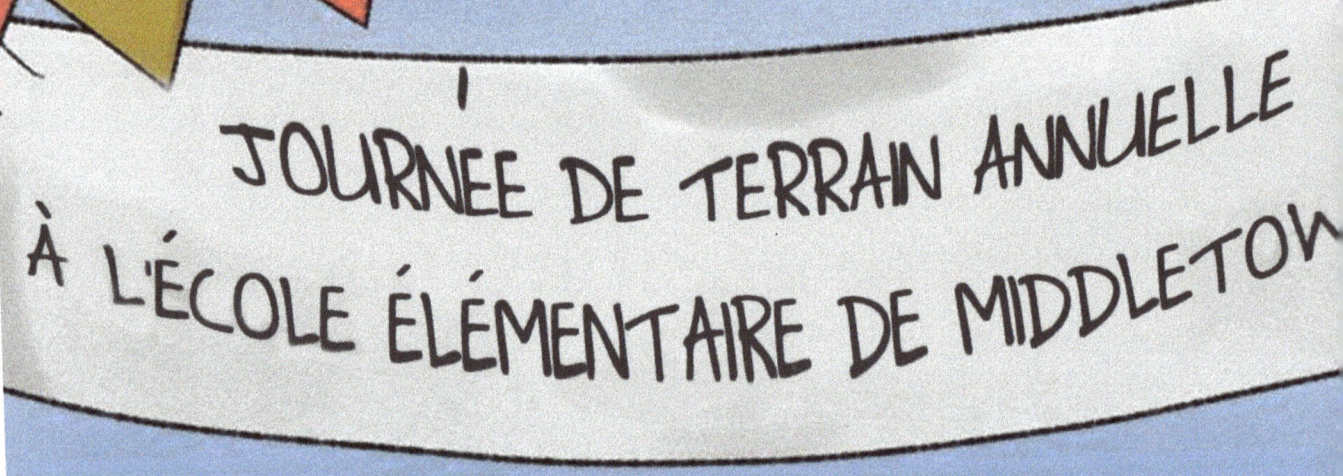

Chapitre 3
Sur le terrain d'athlétisme de l'école, il y a de nombreuses années.

Je vous laisse écouter Grand-mère Annie, mais lorsqu'elle me l'a raconté pour la première fois, tout a commencé le jour de la journée annuelle de l'école élémentaire de Middletown, qui a toujours lieu le dernier jour de l'année scolaire.

Toute la classe de grand-père s'était rassemblée à l'école avec toutes les autres classes. Il y avait beaucoup de bus scolaires alignés pour emmener les enfants à l'événement. Lorsque grand-père était enfant, il allait à l'école à pied et il n'y avait pas de bus pour les élèves, mais la journée d'athlétisme durait toute la journée et les enseignants, les élèves et les parents qui s'étaient portés volontaires pour aider étaient là pour se rendre sur le terrain du parc. Tous les enfants s'étaient rassemblés pour prendre des photos de leur classe avant de se rendre au parc de Pleasant Valley, où les activités de la journée sportive devaient avoir lieu. Grand-père Jim a raconté à Grand-mère Annie qu'il avait entendu une camarade de classe, Suzy, parler à un autre camarade de classe, Billy, et que cela s'était passé ainsi.

"Billy, tu es prêt à ce que je te batte à la course à trois jambes?" demande Suzy.

"Hah, Suzy! Tu ne me battras jamais. Je suis le roi de la course à 3 pattes." se vante Billy.

"Mais tu dois avoir un partenaire pour la course à 3 pattes, Silly. Et si Lenny était aussi ton partenaire?"

Suzy n'a pas été découragée par sa réplique ; elle a demandé : "Alors, et la course de relais?"

Billy n'a pas été impressionné par la boutade de Suzy ; d'une voix très bravache, Bill a répondu : "Ne t'inquiète pas. Lenny est lent mais j'ai un ou deux trucs qui pourraient l'accélérer... enfin, s'il est mon partenaire."

Billy n'était pas non plus découragé par cette question de Suzy : "Ne t'inquiète pas, je choisirai la meilleure équipe!"

Suzy a poursuivi : "Mais si tu n'es pas le chef d'équipe?"

"Ne t'inquiète pas", dit Billy en se tenant debout, jambes écartées et bras croisés, "J'ai une autre idée à ce sujet, alors continue avec d'autres idées et problèmes, je parie que je peux encore gagner.".

"Oh," s'exclame Suzy, exaspérée, "tu es un vrai vantard ! Mais, ce n'est pas grave. J'ai aussi quelques idées pour gagner. Cela ne fait jamais de mal d'être préparé, surtout le dernier jour de l'année scolaire !"

Puis, en sautant de haut en bas, elles ont toutes les deux crié "Yay!"

"Viens, Suzy, allons nous faire photographier avant que notre bus scolaire ne parte pour le parc."

Une fois que les photos de classe ont été prises, les élèves sont montés dans leurs bus scolaires respectifs, et les bus ont commencé à partir en une longue file. Il a fallu environ une heure pour que les bus atteignent la périphérie de la ville et arrivent à l'aire de stationnement de l'immense terrain de camping. Tout le monde avait déjà été informé de l'itinéraire de la journée, y compris des événements pour chaque niveau scolaire, des instructions de sécurité pour les événements et de l'endroit où se trouvent les toilettes, de l'heure et de l'endroit où le déjeuner serait servi, et de la personne à contacter en cas de blessure ou de genou écorché.

Maintenant, je suis sûr que vous pouvez imaginer mamie Annie racontant l'histoire à Jimmy et Théodore. Je dois rire en moi-même à propos de Théodore, mais ce n'est pas grave. Grand-mère dirait que Jimmy ne fait qu'utiliser son imagination et que c'est une bonne chose.

Grand-mère Annie continue son histoire et Jimmy l'écoute attentivement. Elle se doutait bien que Théodore avait l'air d'écouter aussi, car Jimmy tenait Théodore sous son bras.

"Alors, quel est le rapport avec le fait d'avoir peur, grand-mère ? On dirait que c'était une journée amusante et excitante. Quelles étaient les compétitions auxquelles ils ont participé ? Est-ce que Grand-père a gagné, est-ce que Suzy ou Billy ont gagné?"

Grand-mère Annie répond : "Oh oui, il y a eu beaucoup d'épreuves joyeuses et amusantes, à commencer par la course à trois jambes que Grand-père a gagnée, pas Billy", dit-elle en souriant. "Il s'avère que le partenaire de Grand-père était Lenny."

Jimmy insiste : "Y avait-il une course de relais, du softball, du volleyball, du tir à la corde et du hula hoop?"

"Eh bien, Jimmy," Grand-mère Annie était perplexe, "Je ne crois pas qu'il y avait des hula hoops quand Grand-père était un garçon, mais oui, je suis sûr qu'il y avait une course de relais, du softball et du volleyball...". Mais voici ce qui s'est passé ensuite, et il s'agit d'avoir peur et de faire les mauvais choix."

"Ohhhh, qu'est-ce qui s'est passé ?", Jimmy s'est blotti davantage sur son lit et a écouté attentivement.

"Eh bien, vous vous souvenez que je vous ai expliqué que c'était une très belle journée."

Jimmy a hoché la tête, et Mamie Annie a été surprise de penser que Théodore hochait aussi la tête, bien que Jimmy ait simplement passé le bras autour de Théodore.

"Oui, c'était une journée magnifique et parfaite, une matinée super amusante avec des tas d'activités et l'heure du déjeuner n'est pas arrivée trop tôt et tous les enfants étaient affamés après avoir joué et participé aux événements de la matinée. Ainsi, à l'heure du déjeuner, tous les enfants étaient assis sur le sol avec leur boîte à lunch amusante, des sandwiches avec des bâtonnets de carotte et de céleri et des glaces pour le dessert. Mais la journée n'est pas restée parfaite après qu'ils aient tous fini leur crème glacée. Sans qu'ils s'en rendent compte, le ciel au-dessus des enfants a soudainement commencé à devenir de plus en plus sombre. Le soleil de l'après-midi n'était bientôt plus là, car les nuages le bloquaient, et ces nuages soufflaient et se gonflaient, et semblaient de plus en plus sombres, si bien qu'on aurait presque dit qu'il s'agissait du soir au lieu du début de l'après-midi."

"Alors que s'est-il passé ?" demande rapidement Jimmy.

Grand-mère a répondu, et je peux te dire de mémoire ce qui s'est passé exactement. Si je me souviens bien, quand j'étais plus jeune, après la fin de l'heure du déjeuner, avec la délicieuse glace pour le dessert, et juste avant le début des activités de l'après-midi, quand le ciel est devenu de plus en plus sombre et que d'étonnants nuages ont bloqué la lumière du soleil, il a commencé à pleuvoir. Au début, ce n'était qu'un léger arrosage, puis un arrosage plus fort, puis l'arrosage s'est transformé en un arrosage intense et le pire de tout, avant que tout le monde le sache, il y a eu un éclair brillant et un énorme coup de tonnerre. Quand c'est arrivé, tout le monde a commencé à courir dans toutes les directions. Maintenant, revenons à Grand-mère Annie.

"Suzy, Billy et quelques autres camarades de classe, dont Grand-père, courent jusqu'au pied d'un grand arbre, se tiennent la main et s'assoient au pied de l'arbre. Il y a eu un terrible coup de tonnerre et une très grosse branche est tombée juste à côté de l'endroit où ils étaient assis sous l'arbre." "OMG", dit Jimmy à Théodore.

"Quoi, Jimmy ?", Grand-mère s'est retournée pour regarder Jimmy de plus près.

"Oh, rien, j'ai juste dit OMG, autrement dit, Mon Dieu!"

"Eh bien Jimmy, je suis content que tu dises ça parce que ça montre que tu réalises à quel point c'était terrible et dangereux pour les enfants, y compris pour Grand-père…". Mais ce qui s'est passé ensuite était très important. La maîtresse des enfants a couru jusqu'à l'endroit où le bus scolaire était garé à proximité et la plupart des élèves l'ont suivie jusqu'au bus, mais malheureusement pas Billy et Suzy et les autres camarades de classe, y compris Grand-père. Ils avaient l'impression d'être en sécurité sous l'arbre jusqu'à ce que l'énorme branche vienne s'écraser si près d'eux, et maintenant ils étaient pétrifiés, terrifiés et trop effrayés pour bouger."

Grand-mère Annie a poursuivi : "C'était maintenant à Mme la maîtresse de venir à la rescousse et de sauver les enfants de sous l'arbre." Voici ce qui s'est passé ensuite.

Chapitre 4
Dans le bus de l'école

"Le tonnerre ne te fera pas de mal mais la foudre oui. Sous vite les enfants", a crié Mme la maîtresse depuis le bus aux enfants Cet arbre est dangereux, mais dehors, en plein air, c'est encore plus dangereux. Alors, attends que je te dise quand courir vers notre bus scolaire. Ce sera juste après le prochain éclair. Commence à compter quand tu cours, et le tonnerre ne te distraira pas. Tu m'entends ? Tu comprends ce que je te dis de faire?"

"Oui, Madame. Professeur", ont crié tous les enfants, y compris Billy, Suzy et Grand-père.

J'ai appris plus tard que son nom de famille était vraiment Teacher. Les enfants adoraient l'appeler Mme la maîtresse aussi.

"Nous ne bougerons pas avant que tu nous le dises, puis nous commencerons à compter et nous courrons. On te le promet."

Tout comme Mme la maîtresse avait expliqué, il y eut un autre énorme coup de tonnerre qui fit trembler tout le monde, y compris Mme la maîtresse. Puis, Mme la maîtresse a dit : "Je vais commencer à compter après le prochain éclair. C'est à ce moment-là que vous devez commencer à courir.

Elle prit une profonde inspiration, puis répéta : "Vous devez compter avec moi lorsque vous courez pour ne pas être distraits par le tonnerre."

Mme la maîtresse a attendu qu'il y ait un éclair, puis elle a commencé à compter assez fort pour que les enfants sous l'arbre commencent à compter et à courir sans avoir peur du tonnerre.

Dès que l'éclair suivant a frappé, Mme la maîtresse a commencé à compter à voix haute, "Un et deux et trois et quatre..." et a rapidement appelé, "Cours, cours, cours !" alors que le tonnerre grondait.

En quelques secondes, les enfants qui se trouvaient sous l'arbre étaient en sécurité dans leur bus scolaire. "Dieu merci," soupire Mme la maîtresse, "Vous avez réussi !" Si je me souviens que ma Grand-mère m'a raconté cette histoire, plusieurs des enfants qui étaient sous l'arbre tremblaient et pleuraient. Mme. Enseignante a placé une serviette autour des épaules de chaque enfant avant de les aider à s'asseoir dans leur siège d'autobus scolaire.

Ils étaient tous là maintenant dans le bus scolaire et en sécurité, même s'il pleuvait toujours terriblement, avec du tonnerre et des éclairs. Puis, Mme la maîtresse leur a dit qu'elle était très, très désolée. Les enfants se sont regardés avec étonnement en se demandant pourquoi Mme la maîtresse était désolée.

Mme la maîtresse a poursuivi en disant qu'elle avait vérifié le bulletin météorologique jusqu'à l'heure à laquelle les bus scolaires devaient partir pour la journée champêtre. La personne à qui elle a parlé lui a assuré que la journée s'annonçait excellente pour l'événement. Mme la maîtresse a été soulagée par cette nouvelle, puis elle a expliqué à la classe pourquoi elle était si désolée.

Elle a parlé calmement mais avec maîtrise : "Même si le bulletin météo était bon, je suis vraiment désolée de ne pas vous avoir donné d'instructions sur ce qu'il fallait faire en cas de tempête, car le bulletin météo annonçait un temps beau et doux et je me suis occupée de tout ce qui se passait pour préparer notre voyage. Nous étions en train de charger les ballons et les sacs pour la course à trois jambes et d'expliquer les choses aux parents volontaires, en plus de prendre des photos et de faire monter tout le monde dans les bus, puis de vérifier que tout le monde était présent."

Mme la maîtresse a continué, mais s'est arrêtée lorsqu'elle a dit : "Aujourd'hui, nous avons tous pris conscience de ce qui peut arriver lors d'une journée parfaitement belle. Vous avez vu la pluie se mettre à tomber sans prévenir. Personne ne savait ce qui allait se passer. Pas même le journaliste météo, et après que la pluie ait commencé, tout le monde a commencé à courir partout. Vous avez peut-être eu peur d'être trempé par la pluie et vous avez décidé de rester sous le grand arbre pour éviter la pluie et ne pas être plus trempé que vous ne l'étiez déjà."

Elle poursuivit : "Puis il y eut d'autres éclairs et un énorme coup de tonnerre. J'ai vu certains d'entre vous mettre leurs mains sur leurs oreilles et j'ai vu un éclair dans le ciel et une énorme branche d'arbre est tombée juste à côté de l'endroit où vous étiez tous assis sous l'arbre"

L'histoire de Grand-mère, quand elle me l'a racontée, a donné beaucoup de crédit à Suzy et Billy pour avoir dit aux enfants de rester calmes. Elle a également mentionné que Mme la maîtresse était fière que lorsqu'ils ont vu l'énorme branche tomber juste à côté d'eux, elle était sûre qu'ils avaient compris qu'ils devaient sortir de sous l'arbre le plus vite possible et courir vers leur bus pour être en sécurité.

Ensuite, Mme la maîtresse expliqua la partie la plus importante de cette histoire. Elle leur dit que s'il n'y avait pas de tonnerre, il n'y aurait pas d'avertissement. Et les éclairs sont très dangereux.

Après cela, tous les enfants ont compris pourquoi leur professeur leur avait dit de compter en courant après un nouvel éclair afin de ne pas être distraits par le tonnerre qui suivait et de pouvoir se mettre en sécurité. Elle a expliqué que s'il n'y avait pas de tonnerre, nous pourrions simplement courir sous un arbre et attendre que la pluie s'arrête, mais ce serait la pire chose à faire. La foudre pourrait frapper l'arbre et celui-ci pourrait se briser et tomber. Puis, Mme la maîtresse a demandé : "Quelle est la meilleure chose à faire si vous êtes à l'extérieur et que vous ne voyez pas d'éclairs, mais que vous voyez des nuages sombres et que vous entendez le tonnerre?"

Billy se leva de son siège sans lever la main, et cria : "Cours pour te mettre à l'abri ! Et même s'il n'avait pas levé la main, toute la classe riait, y compris Mme la maîtresse.

Puis, Suzy nous fit part d'une idée importante, après avoir levé la main, et dit : "Si vous êtes à l'intérieur quand ça arrive, restez loin des fenêtres."

Mme la maîtresse approuva : "Oui, Suzy. Vous pouvez aussi compter pendant un orage et c'est une sorte de jeu, mais c'est un jeu important et vous avez tous compté après avoir vu l'éclair pour pouvoir compter et courir jusqu'au bus scolaire pour vous mettre à l'abri. Savez-vous que le fait de compter comme ça vous indique aussi la distance à laquelle se trouve l'éclair?"

Les enfants montrèrent alors beaucoup d'intérêt et acquiescèrent.

Suzy, levant la main, demanda : "Alors, comment fais-tu pour vérifier le tonnerre après la foudre?"

Mme la maîtresse ajouta : "Commencez à compter lentement et ajoutez le mot "et" après chaque chiffre, comme la seconde aiguille d'une horloge que nous avons étudiée en classe. Je vais essayer de vous montrer, mais nous avons besoin de voir un éclair."

Quand Grand-mère me racontait cette histoire pour que je n'aie plus peur du tonnerre, elle me disait qu'un énorme éclair avait jailli et que tout le monde dans le bus scolaire avait sursauté et crié. Mais l'institutrice est restée calme et a commencé à compter lentement, les enfants se sont assis et ont compté avec elle. Assez rapidement, un énorme vis de tonnerre retentit après avoir compté jusqu'à dix. Ils ont donc compris que la foudre était proche, mais pas autant qu'avant. Puis Mme la maîtresse enseigna quelque chose de nouveau et d'étonnant : "Le tonnerre et la foudre se produisent exactement au même moment. C'est une "astuce de la science" car la lumière de l'éclair voyage plus vite que le son du tonnerre. Si vous attendez d'entendre le tonnerre, vous risquez de ne pas savoir quand vous mettre à l'abri, mais le tonnerre reste un bon signal car nous savons maintenant quoi faire." À ce moment-là, Suzy a demandé : "Alors, est-ce qu'un bus scolaireest un endroit sûr pendant un orage ?". Ses camarades de classe ont vsemblé inquiets après que Suzy ait posé sa question et que Mme la maîtresse répondit rapidement.

"Oui, Suzy, un bus scolaire est un endroit sûr pour s'abriter parce qu'une voiture ou un bus transporte l'électricité à travers le métal extérieur du véhicule, donc si la foudre frappe, elle est mise à la terre par le véhicule. C'est un terme électrique."

Grand-mère riait toujours lorsqu'elle racontait la suite de l'histoire, car Billy se levait à nouveau, sans lever la main, et s'exclamait : "Oh, je connais l'électricité. Mon père dit que l'électricité est dangereuse et qu'elle peut te donner un mauvais choc et te faire beaucoup de mal."
Mme la maîtresse était contente, même si Billy n'avait pas, comme d'habitude, levé la main : "Oui, Billy. La foudre, c'est de l'électricité ! L'électricité dans les éclairs cst tout aussi dangereuse et peut même être plus dangereuse et te faire plus mal."

Suzy avait déjà fait un dessin et l'a montré à ses camarades de classe : "Regardez, j'ai fait un dessin de nous qui avons peur et de la foudre qui frappe cet arbre. Je pense que cela mo ntre ce qui peut nous arriver si nous oublion que le tonnerre est un avertissement et un signal et que le tonnerre nous aide à rester en sécurité."

Mme la maîtresse était ravie, elle a remercié Suzy et lui a dit : "Nous ne voulons certainement pas que ce que ton dessin montre arrive à quelqu'un, jamais!"

Je me souviens que Grand-mère m'a dit qu'après cela, tous les enfants se sont détendus et ont acquiescé. Mme la maîtresse s'est également assurée d'expliquer que le plus important, c'est que le tonnerre est bon, et quand elle l'a fait, toute la classe a compris et s'est joyeusement mise à dire : "Si nous n'avions pas de tonnerre, il serait difficile de rester en dehors de la trajectoire des éclairs", avec beaucoup de rires et de calme.

Le plus important, le message que j'ai appris pour surmonter mon inquiétude face au tonnerre, c'est que peu importe qui vous êtes ou où vous vivez, la foudre est dangereuse. Elle peut toucher et blesser n'importe qui ! Mais le tonnerre est une bonne chose car, comme les enfants dans l'histoire de grand-père, comme l'a dit Grand-mère, "si nous n'avions pas le tonnerre, il serait difficile de rester à l'écart des éclairs!"

Grand-mère me dit aussi qu'après cette journée, Suzy, a réalisé quelque chose d'important à propos de Billy, et Suzy lui a dit, "Merci Billy, pour ton aide, je suppose que tu n'es pas un vantard après tout ; tu veux juste partager les choses que tu sais."

Mme la maîtresse était également heureuse et a suggéré qu'ils chantent tous une chanson et s'amusent un peu puisque le chauffeur de bus avait commencé à conduire le bus scolaire jusqu'à l'école où les parents des enfants les rencontreraient.

Il s'avère que les enfants ont inventé deux chansons. Ils aimaient chaque chanson et les ont chantées, aussi en anglais, sur le chemin du retour. Ils ont également chanté en anglais parce que les élèves apprenaient l'anglais. Les chansons étaient :

CHANT:	SONG:
Il pleut,	It's raining.
La pluie tombe.	It's pouring.
Le tonnerre gronde.	The thunder is roaring.
Je vais compter dans ma tête.	I'll count in my head.
Je suis plutôt à l'abri.	I'm sheltered instead.
Ce sera fini demain matin.	It's gonna be over by morning.
CHANT:	SONG:
Il pleut. La pluie tombe.	It's raining. It's pouring.
J'ai le son du tonnerre dans ma tête.	I've got thunder in my head.
Mais je m'en fiche. Les éclairs sont là dehors.	But I don't care. The lightning's out there.
Alors, je vais rester dans un endroit sûr.	So, I'll stay in a safe place instead.

Je me souviens encore de chaque chanson que j'ai chantée lorsque j'ai résolu mon problème de peur du tonnerre avec l'aide et les histoires de Grand-mère Annie. Je suis sûr que le fait que grand-mère ait raconté cette histoire a envoyé un message important à Jimmy, et à Théodore aussi.

Cette journée a été impressionnante, mouvementée et surprenante, mais elle a aussi permis d'apprendre quelque chose de très nouveau et d'important pour surmonter la peur du tonnerre. Tous les enfants se sont sentis très chanceux et très confiants d'avoir appris à résoudre un vrai problème.

Chapitre 5
Une nouvelle peur du tonnerre

J'ai appris plus tard ce qui se passait lorsque Grand-mère Annie avait fini de raconter à Jimmy (et à Théodore) l'histoire que grand-père lui avait racontée. Je voulais savoir si cette histoire avait aidé Jimmy à ne plus avoir peur que le tonnerre se reproduise et lui fasse peur.

Grand-mère me dit qu'elle avait demandé à Jimmy : "Maintenant que tu as entendu cette histoire, j'espère que tu as appris l'une des choses les plus importantes que tu auras jamais besoin de savoir pour ne plus avoir peur du tonnerre."

Jimmy était absolument convaincu et lui a dit qu'il était d'accord pour dire que s'il n'y avait pas de tonnerre, il serait difficile de se mettre à l'abri le plus rapidement possible.

Grand-mère était heureuse que Jimmy soit d'accord. Mais Grand-mère a découvert que le tonnerre avait causé un autre souci. Jimmy a expliqué à Grand-mère que lorsqu'un bruit fort et bruyant se produisait soudainement, comme le tonnerre, il mettait ses mains sur ses oreilles pour que le bruit s'arrête et disparaisse.

Jimmy commenta : "C'est la même chose que les enfants ont fait dans l'histoire que tu nous as racontée... oups, je veux dire moi (il regarda Théodore d'un air penaud) à propos de Grand-père quand il était petit."

Grand-mère réfléchit un moment et dit : "Oh, je vois... Donc, tu avais peur du tonnerre, mais tu l'as surmonté, sauf que maintenant, tu as un autre souci." "Oui", dit Jimmy, "tu as raison. Maintenant, il n'y a aucune raison d'avoir peur du tonnerre, car c'est un avertissement pour se mettre à l'abri le plus vite possible. Mais qu'est-ce que Théodore et moi... oups... je veux dire qu'est-ce que je peux faire pour ne plus avoir peur de mettre mes mains sur mes oreilles et de faire disparaître le bruit?"

"Hmmmm", se dit Grand-mère, "Je crois que je connais quelque chose qui va t'aider...". C'est quelque chose que tu peux faire au lieu de te mettre les mains sur les oreilles chaque fois que ces types de bruits se produisent, même si ces bruits sont utiles. Ils sont bien sûr des avertissements qu'un danger peut être proche et qu'il faut s'écarter le plus vite possible du chemin. Alors, voudrais-tu savoir ce qu'il faut faire si le bruit du tonnerre est très gênant?"

Oui, répond Jimmy en riant, je n'aime pas me promener avec les mains sur les oreilles. Je risque de ne pas savoir qu'il est l'heure de dîner, ou que nous allons regarder une vidéo. Ou encore, qu'il n'y a plus de tonnerre ! J'aurais l'air idiot devant Théodore... je veux dire devant tout le monde."

Puis, tout le monde, même Théodore, j'en suis sûr, eut un énorme fou rire. Une fois tout le monde revenu à la normale, Grand-mère poursuivit : "Le bruit fort que fait le tonnerre est un avertissement qu'un danger est proche et que nous devons rester à l'écart de la foudre. Voici donc quelque chose dont j'ai parlé plus tôt pour nous aider."

Grand-mère Annie s'est installée à côté de Jimmy. Elle a pris le xylophone jouet de Jimmy et l'a placé sur ses genoux. Puis elle a pris le marteau du xylophone et a frappé la plus grande touche du xylophone pour produire un son fort et grave.

Jimmy s'est levé d'un bond de ses couvertures de lit et s'est empressé de dire : "Désolé, Grand-mère, ça ne ressemble pas vraiment au tonnerre."

Grand-mère était d'accord. "Je sais. Et si je frappais mon poing sur cette table?"

Jimmy acquiesce : "Ça marchera, mais papa et maman n'aimeront peut-être pas l'entendre."

"Hah, ha," rit Grand-mère et elle croit vaguement avoir remarqué une lueur d'humour chez Théodore aussi... "Ok, je suis d'accord. Alors, laisse-moi recommencer" et elle frappa la touche du xylophone comme avant. "Voilà, tu as entendu ça?"

"Oui, et je parie que tu vas me dire que j'ai juste besoin d'utiliser mon imagination pour faire ce son comme un gros coup de tonnerre."

"Eh bien, Jimmy, nous n'avons pas vraiment le choix, et tu te souviens que l'utilisation de ton imagination fait travailler ton cerveau, tout comme faire du vélo fait travailler tes bras et tes jambes."

Grand-mère ne mentionna jamais la réaction de Jimmy et très probablement celle de Théodore, mais je parie qu'ils étaient tous deux "tout ouïe"

Grand-mère poursuivit : "Maintenant, j'ai besoin que vous pensiez à la lumière que produit l'éclair et que vous commenciez à compter comme Mme la maîtresse a enseigné à sa classe dans mon histoire.

Grand-mère se mit à compter avec Jimmy et elle crut presque surprendre une action montrant que Théodore faisait aussi une sorte de comptage. Quoi qu'il en soit, après avoir compté jusqu'à 3, Grand-mère fit claquer le maillet contre la plus grande clé pour faire entendre le tonnerre et montrer que la foudre se trouvait à environ 5 km.

"Nous allons réessayer, et quand je frappe la mailloche sur la plus petite touche, utilisez votre imagination et faites comme si la foudre tombait. Lorsque je frapperai la mailloche sur la plus grande touche, ce sera le bruit du tonnerre. Lorsque cela se produira, le dernier chiffre que vous aurez compté correspondra à peu près à la distance à laquelle se trouvait l'éclair et, comme vous faisiez appel à votre imagination et que vous vous concentriez sur le comptage, vous aurez complètement oublié de mettre vos mains sur vos oreilles, n'est-ce pas?"

"C'est bon, Grand-mère ! Wow, c'est super", Jimmy souriait et faisait un pouce en l'air à Théodore et à Grand-mère.

Grand-mère sourit : "Oui, je sais, mais ne parle pas maintenant. Écoute simplement les éclairs imaginaires, puis commence à compter dans ta tête jusqu'à ce que tu entendes le maillet frapper le tonnerre imaginaire. Essayons encore une fois. Je vais compter à voix haute pour t'aider."

"Peux-tu frapper sur la table juste une fois pour que ce soit génial ?" Au meilleur de mes connaissances et sachant comment Grand-mère s'est toujours efforcée d'aider ses petits-enfants, je suis sûre qu'à ce moment-là Jimmy et très probablement Théodore étaient dans leur lit, les couvertures ramenées sous le menton et prêts à compter sans parler.

"Ok, Jimmy. C'est reparti."

Je suis sûr que Grand-mère avait frappé sur la table et que Jimmy avait compté dans sa tête en hochant la tête à chaque fois qu'il comptait les chiffres en pensant un... ... et... ... deux... ... et... trois... et... quatre... et cinq parce qu'alors quelque chose d'intéressant s'est produit.

Jimmy commençait à bâiller et avait du mal à garder les yeux ouverts. Il bailla de nouveau puis dit, en bâillant : "J'imaginais les éclairs et je comptais dans ma tête et quand tu as frappé avec le maillet, j'ai même pu imaginer un grand coup de tonnerre dans le ciel."

Grand-mère Annie était très heureuse d'entendre cela et dit : "Cette fois, le son sera plus doux. On peut faire comme si le tonnerre n'était pas aussi fort qu'avant et qu'il s'éloignait de plus en plus, ce qui veut dire que tu devras compter plus de chiffres… Tu es d'accord?"

Jimmy bailla et dit : "Je suis sûr que je peux compter beaucoup plus de chiffres et utiliser mon imagination comme tu l'as dit."

Grand-mère a accepté, "Bien, alors c'est parti." Elle a "tapé" doucement sur le maillet, puis a commencé à compter doucement en disant : "Un.... et ... deux... et trois... et quatre... et cinq... et six... et sept.... et huit...". Elle a compté jusqu'à dix, puis a tapé très, très doucement sur la plus grande touche. "Eh bien, cela aurait été à environ 10 miles", s'émerveille-t-elle, puis elle s'exclame : "Oh ... mon Dieu, regarde-toi, Jimmy."

D'après les souvenirs de Grand-mère Annie, Jimmy devait être en train de compter... puis s'est arrêté... pour se laisser aller à rêver.

CHAPITRE 6
Tous les bobos du tonnerre résolus

Grand-mère réfléchit : "Oh, il s'est endormi comme avant, quand il avait peur du noir et que je l'ai aidé à surmonter cette peur avec une autre histoire". Je suppose que son imagination l'a aidé à s'endormir ou qu'il a eu une longue journée. Je sais que lorsqu'il se réveillera, il n'aura plus jamais peur du tonnerre. Je pourrai aussi le féliciter."

Grand-mère réfléchit encore un peu : "Je suis désolée, je n'ai pas eu le temps de mentionner les nombreux autres bruits et sons qui nous aident...". Comme le son fort du sifflet de la bouilloire à thé. Et aussi le son du réveil pour se lever du lit et commencer la journée. Même les bruits gênants que font les gros camions et les véhicules à ordures lorsqu'ils reculent en raison d'un danger potentiel. Ou encore le bruit d'un gros tracteur qui recule et des personnes qui sautent hors du chemin. Lorsque les sons sont forts et gênants, ils nous aident à savoir que nous devons agir pour rester vigilants et ne pas nous mettre les mains sur les oreilles."

Plus tard, la prochaine fois que je vis Grand-mère, elle était très enthousiaste à l'idée de me donner le magnétophone avec toutes les histoires qu'elle avait écrites. C'était très amusant", a-t-elle expliqué, "La seule chose, c'est que je ne suis pas sûre d'avoir inclus tout ce que je voulais...". De plus, je n'ai pas rappelé à Jimmy que le tonnerre est aussi un défi ! C'est bruyant et même effrayant ; mais tu peux relever ce défi en choisissant de rester concentré et de compter tout en utilisant ton imagination, comme nous l'avons fait."

J'étais d'accord et je dis à Grand-mère : "C'est ce que tu m'as appris il y a si longtemps."

Grand-mère me sourit alors et me dit doucement : "Je devrais te dire qu'après ce jour-là, dans l'histoire que grand-père m'a racontée, si quelqu'un lui demandait : "As-tu peur du tonnerre ?", il faisait un sifflement... puis disait : "Le tonnerre est un signal."

Si nous n'avions pas le tonnerre, il serait difficile d'éviter les éclairs."

Puis, Grand-mère réfléchit encore plus et dit : "Peut-être que je n'aurai pas besoin de le dire à Jimmy après tout, parce qu'il s'en est remis."

En outre, comme Grand-mère tient tellement à solliciter notre imagination, je suis sûre de savoir exactement ce qui s'est passé après que Jimmy s'est endormi.

Grand-mère Annie se mit à se balancer lentement dans sa chaise à bascule et dit doucement, juste au-dessus d'un murmure, "Je t'aime, Jimmy". En outre, si je ne me trompe pas, elle n'a jamais demandé si Théodore voulait savoir si elle l'aimait, et elle lui a juste dit : "Je t'aime aussi, Théodore."

Je n'avais pas besoin d'être là, à ce moment-là, pour savoir que Grand-mère était assise en souriant, fermant les yeux, se berçant et attendant la résolution du prochain souci... Elle est très sage et nous l'aimons tous beaucoup.

En tant qu'auteur, j'ai tout fait pour que les éléments contenus dans ce livre au moment de la mise sous presse soient exacts et corrects. Cependant, je vous invite à en savoir plus sur les faits et les mythes concernant la foudre et le tonnerre en visitant https://www.noaa .gov le site officiel du service météorologique national.

www.ingramcontent.com/pod-product-compliance
Lightning Source LLC
Chambersburg PA
CBHW042037200426
43209CB00058B/1641